参議院
国会議事堂

田原桂一

国会議事堂の歴史

明治14年（1881）10月12日に、国会開設の勅諭が発せられる。これを受け議事堂建設の気運が高まり、明治19年（1886）2月、内閣に臨時建築局が設けられる。しかし、財政問題を理由に、その建設計画は見送られてしまう。かわって第一次仮議事堂が建設されたが、竣功から2カ月で焼失。議会開会中だったため、貴族院は華族会館に、衆議院は東京女学館に議場を移した。華族会館が手狭なため、貴族院はその後帝国ホテルに移転した。明治24年（1891）、第二次仮議事堂が完成。明治27年（1894）、日清戦争が勃発し、一度限りの帝国議会が広島の臨時仮議事堂で開会された。再び第二次仮議事堂に戻るも、大正14年（1925）に焼失する。第三次仮議事堂は現在の議事堂が完成するまで、約10年間使用された。

国会議事堂建設にあたり、設計図案は一般から募集された。選ばれたのは、当時宮内省の技手だった渡邊《わたなべ》福三《ふくぞう》氏の作品だった。こうして大正9年（1920）1月にようやく着工、17年の歳月をかけ、昭和11年（1936）11月に国会議事堂は完成した。完成を祝う竣功式には、当時の内閣総理大臣など約280名が参列した。同年12月召集の第70回帝国議会から使用されて現在に至る。

年表

明治14年（1881）　国会開設の勅諭
明治19年（1886）　内閣に臨時建築局を設置
明治22年（1889）　大日本帝国憲法発布
明治23年（1890）　第一回衆議院議員総選挙
第一次仮議事堂 完成
第一回帝国議会開会
明治24年（1891）　第一次仮議事堂 焼失
第二次仮議事堂 完成
明治27年（1894）　8月　日清戦争
明治37年（1904）　日露戦争〈～明治38年（1905）〉
大正3年（1914）　第一次世界大戦〈～大正7年（1918）〉
大正9年（1920）　国会議事堂 着工
大正12年（1923）　関東大震災
大正14年（1925）　第二次仮議事堂 焼失
第三次仮議事堂 完成
昭和3年（1928）　初の普通選挙実施
昭和11年（1936）　二・二六事件
国会議事堂 完成
昭和16年（1941）　第二次世界大戦〈～昭和20年（1945）〉
昭和20年（1945）　女性の参政権が実現
昭和21年（1946）　日本国憲法公布
昭和22年（1947）　日本国憲法施行
第一回参議院議員通常選挙
第一回国会召集
昭和35年（1960）　日米安全保障条約締結
昭和39年（1964）　東京オリンピック開催

お席
事務局
大臣席

皇族席
大臣席
総理大臣席
事務局席
演壇
速記者席

12
11
1
10
2
9
3
8
4
7
6
5

第二十一控室
第二十一控室
第二十二控室
第二十四控室

3
2
1

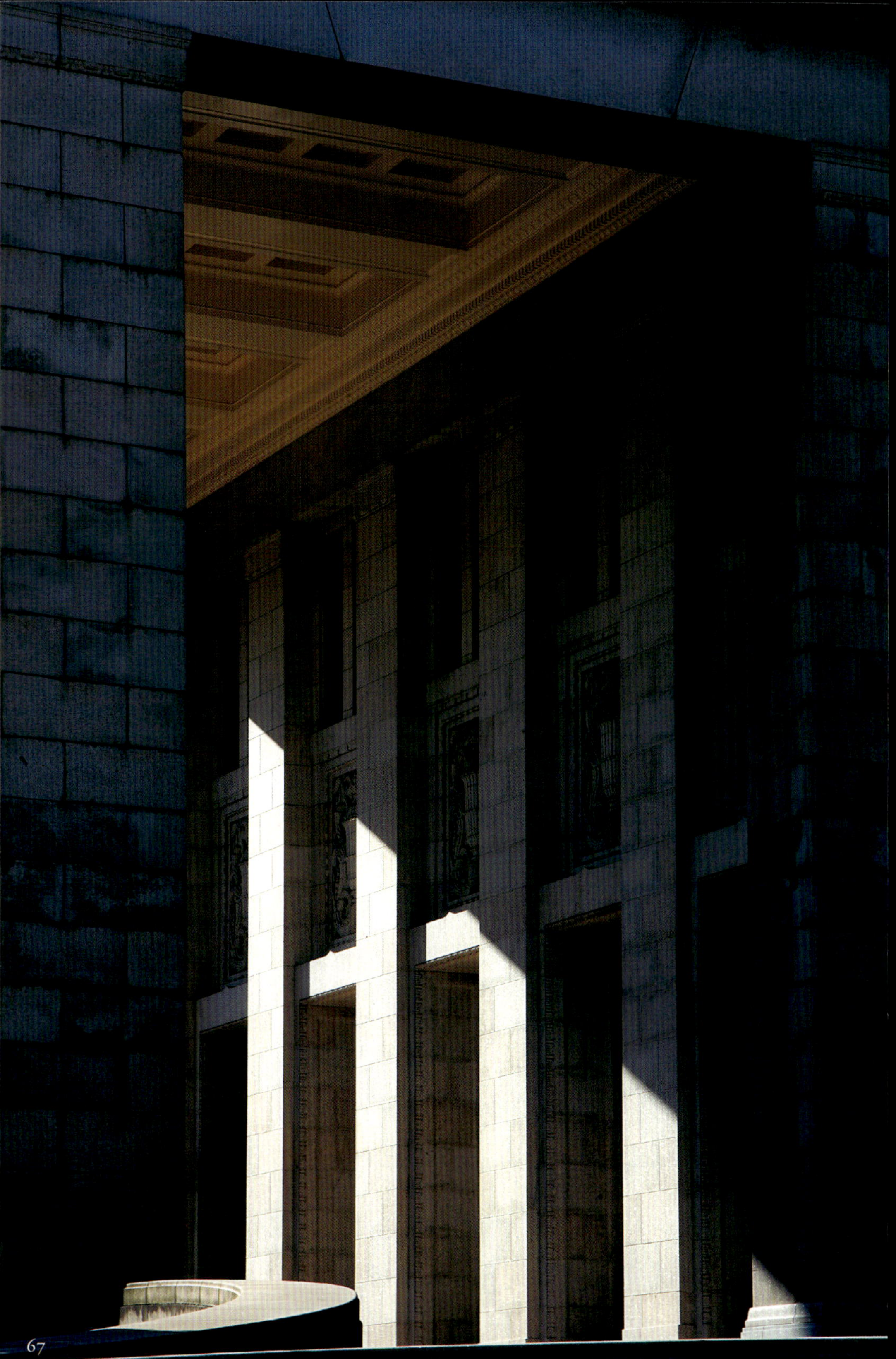

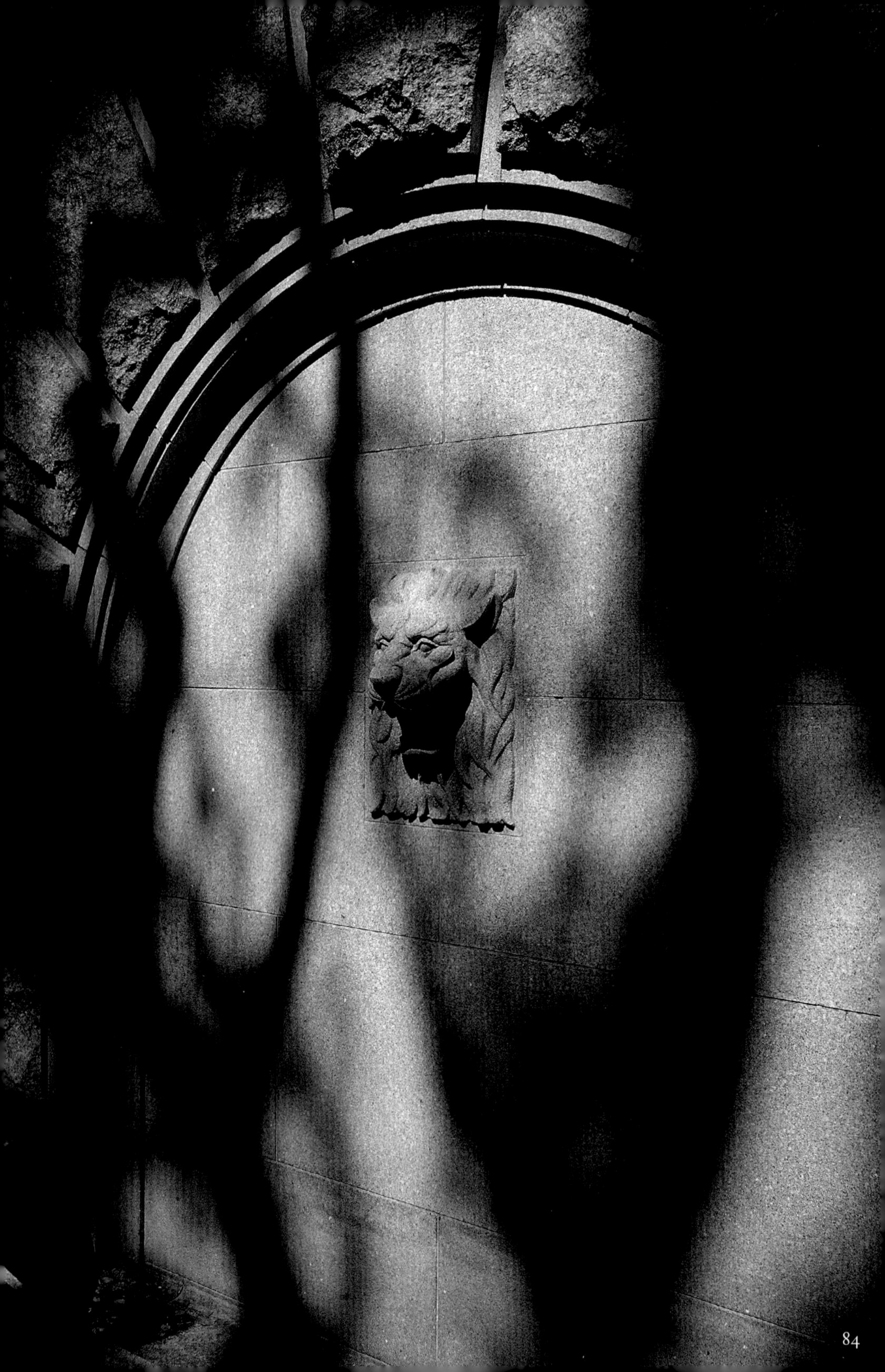

1
2
3
4
5

外交官席
貴賓席
大臣席
事務総長席
議長席
演壇
速記者席

参議院

議場 —— 4-5
議場 議席 —— 6-7
議場 お席 —— 8
議場 御傍聴席と公衆傍聴席 —— 9
議場 正面 —— 10
議場 公衆傍聴席 —— 11
議場 公衆傍聴席 —— 12
議場 記者席壁面 —— 13
議場 公衆傍聴席空調グリル —— 14-15
議場 天井 —— 16-17
参議院広間 —— 18-19
参議院広間 —— 20-21
オニックスマーブルと時計 —— 22
正玄関 内扉 —— 23
空調グリル —— 24
壁面 —— 25
第一号議員階段 —— 26
第二号議員階段 —— 27
3階廊下 —— 28-29
正玄関 格天井とシャンデリア —— 30
参議院広間 エレベーター —— 31
御休所 —— 32-33
皇族室 —— 34-35
御休所前広間 壁面 —— 36-37
御休所前広間 天井 —— 38-39
御休所前広間 大理石モザイク —— 40-41
御休所前広間 —— 42
中央階段 —— 43
正玄関 エンブレム —— 44-45
中央階段 —— 46-47
中央階段の石柱 —— 48-49

中央広間

中央広間 ブロンズ扉 —— 50
中央広間 —— 51
中央広間 大理石モザイク —— 52
中央広間 2階台座 —— 53
中央広間 スタンド灯 —— 54
中央広間 —— 55
中央広間 壁面 —— 56-57
中央広間 天井 —— 58-59

外観

参議院 正玄関 石柱 —— 60
参議院 正玄関 扉ハンドル —— 61
参議院 正玄関 扉 —— 62
参議院 正玄関 石柱 —— 63
参議院 正玄関車寄 天井 —— 64-65
正面外壁 —— 66
中央玄関 車寄 —— 67
中央玄関 石柱 —— 68
中央塔 —— 69
中央玄関 階段 —— 70
スタンド —— 71
中央玄関 車寄 —— 72-73
中央玄関 —— 74-75
議事堂外観 —— 76-77
議事堂正面中央部 —— 78-79
後庭 西正面中央部 —— 80-81
後庭 西正面中央部 —— 82-83
後庭 西正面中央部 —— 84
後庭 西正面中央部 —— 85
後庭 西正面中央部 —— 86-87
後庭 西正面中央部テラス —— 88-89

衆議院

中庭西通路 —— 90
東南角の外壁 —— 91
中庭東通路 エンブレム —— 92-93
本館中庭 鯉 —— 94-95
本館中庭 鉄扉のレール —— 96-97
本館中庭 —— 98
本館中庭 —— 99
本館中庭 —— 100-101
第二号議員階段 手摺 —— 102
中央南廊下 ステンドグラス —— 103
正玄関前広間 絨毯 —— 104-105
3階東側広間 壁面 —— 106
第一号議員階段 —— 107
中央広間 壁面の化石 —— 108
第二号議員階段 —— 109
第一号議員階段 天井のステンドグラス —— 110-111
第五委員室 入口の壁面 —— 112
3階東側広間 —— 113
本館 東南階段 —— 114-115
本館 東南階段 —— 116
本館 東南階段 —— 117

議長応接室 —— 118-119
議長応接室 西側扉 —— 120
議長応接室 暖炉 —— 121
議長応接室 シャンデリア —— 122-123
議長応接室 —— 124-125
3階東側広間 —— 126-127
議事課前広間 —— 128
エレベーターボタン —— 129
議員食堂 天井 —— 130-131
議員食堂 棚 —— 132
議員食堂 —— 133
議場まわりの壁面 —— 134
議員食堂 天井 —— 135
第一委員室 時計 —— 136-137
第一委員室 記者席 —— 138-139
第一委員室 天井 —— 140-141
第一委員室 委員長席 —— 142
第一委員室 委員席 —— 143
第一委員室 大臣席 —— 144-145
南側廊下 —— 146
南側廊下 議場入口扉 —— 147

議場 天井 ペンダント灯 —— 148-149
議場 公衆席 —— 150-151
議場 議席 —— 152-153
議場 —— 154-155

建築構造

構造	地上3階（中央部4階、中央塔9階）、地下1階　鉄骨鉄筋コンクリート造り
資材	最高品質の国産品を使用
費用	2573万円　工事に従事した人員延べ254万人
敷地面積	10万3001平方メートル
建物面積	1万3356平方メートル（延べ）5万3464平方メートル
長さ	（南北）206・36メートル
奥行き	（東西）88・63メートル
高さ	（屋上）20・91メートル　（中央塔）65・45メートル
総重量	10万9000トン
鉄骨	9810トン
鉄筋	5522トン
石材	（花崗石）2万5500トン、（大理石）2800トン、（日華石）106トン
セメント	2万7446トン
砂、砂利	7万8572平方メートル
木材	24種類　4815平方メートル

田原桂一
KEIICHI TAHARA

1951年京都生まれ。
1972年の渡仏後に写真の制作を始め、「都市」（1973〜74年）や「窓」（1973〜80年）といった作品シリーズを制作。77年にはアルル国際写真フェスティバル（フランス）にて大賞受賞。以降、「顔貌」（1978〜87年）、「エクラ」（1979〜83年）の制作や、ヨーロッパ全土を巡り19世紀末を主題に建築空間を撮影、様々な写真作品を発表。また、80年代後半以降は世界各国で光を使用したプロジェクトを展開し、その作品は美術館に留まらず様々な場所で常設展示されている。代表的作品集に『世紀末建築』『パリ・オペラ座』など。主な受賞歴は木村伊兵衛賞（日本）、フランス芸術文化勲章シュバリエ（フランス）、パリ市芸術大賞（フランス）など。

国会議事堂《こっかいぎじどう》
田原《たはら》 桂一《けいいち》
二〇一五年六月三〇日　第一刷発行
装丁　狩野　れいな
企画協力　渡辺　満子
協力　参議院・衆議院

発行者　鈴木　哲
発行所　株式会社　講談社
東京都文京区音羽二丁目一二－二一
郵便番号一一二－八〇〇一
☎〇三－五三九五－三五三二（編集）
〇三－五三九五－三六二二（販売）
〇三－五三九五－三六一五（業務）
印刷　株式会社東京印書館
製本　大口製本印刷株式会社

Printed in Japan
ISBN978-4-06-219507-2

衆議院

国会議事堂

田原桂一